BIBLIOTECA ESCOLAR
CLÁSICOS
CONTADOS A LOS NIÑOS

Leyendas de Bécquer

edebé

Proyecto y dirección: EDEBÉ

Adaptación del texto: Rosa Navarro Durán
Ilustraciones: Francesc Rovira
Dirección editorial: Reina Duarte
Diseño: Joaquín Monclús

7.ª edición

Paseo de San Juan Bosco, 62
08017 Barcelona
www.edebe.com

Atención al cliente 902 44 44 41
contacta@edebe.net

ISBN 978-84-236-9614-7
Depósito Legal: B. 32195-2011
Impreso en España
Printed in Spain

BIBLIOTECA ESCOLAR
CLÁSICOS
CONTADOS A LOS NIÑOS

Leyendas de Bécquer contadas a los niños

por Rosa Navarro Durán
con ilustraciones de Francesc Rovira

edebé

Gustavo Adolfo Bécquer escribió unas Leyendas llenas de misterio y de belleza. A veces nos dice dónde las oyó o cómo las imaginó. He escogido para vosotros cinco de estas historias maravillosas.

EL MONTE DE LAS ÁNIMAS

Era la Noche de Difuntos. Sonaban las campanas, tristes, monótonas. Bécquer, que estaba durmiendo, se despertó; no sabía qué hora era. Escuchó su tañido un rato e intentó volver a dormirse; pero no pudo. Recordaba una historia que le habían contado en Soria y que había sucedido precisamente una noche como aquélla, la noche de los muertos. Al final se levantó y la escribió.

LA CACERÍA POR EL MONTE DE LAS ÁNIMAS

Un día de Todos los Santos, los condes de Borges y de Alcudiel estaban cazando con sus hijos, Beatriz y Alonso, cerca del Moncayo. Se estaba haciendo de noche. Al darse cuenta, Alonso dijo:

–Atad los perros, tocad las trompas para que se reúnan los cazadores y regresemos a la ciudad. Se acerca la noche, es día de Todos los Santos, y estamos en el monte de las Ánimas.

–¿Tan pronto? –le dijo su prima Beatriz, que no tenía ganas de volver.

–Si fuera otro día –le contestó Alonso–, me quedaría aquí hasta acabar con esos lobos que la nieve que cubre el Moncayo ha sacado de sus madrigueras; pero esta noche no. Dentro de poco, en la iglesia de los Templarios se oirá la oración a los muertos, y las ánimas de los difuntos empezarán a tocar la campana de la capilla del monte.

–¡Qué dices! ¿En esa capilla ruinosa? –replicó Beatriz, que no podía creer lo que estaba oyendo–. ¿Quieres asustarme?

–No, mi querida Beatriz. Tú no sabes nada de este país porque no hace aún un año que viniste aquí desde muy lejos. Haz que tu yegua vaya despacio, yo haré lo mismo; y mientras regresamos tranquilamente a la ciudad, te contaré la historia del monte de las Ánimas.

Los cazadores se habían reunido ya, y todos seguían a distancia a Alonso y Beatriz, que iban los primeros en su vuelta a la ciudad.

Alonso le contó entonces a su bella prima Beatriz la historia del monte de las Ánimas:

–Este monte que hoy llaman de las Ánimas, hace muchos años, era de los templarios. ¿No ves ahí, junto al río, un convento en ruinas? Era suyo, porque los templarios eran soldados

y religiosos a la vez. Cuando el rey castellano conquistó la ciudad de Soria a los árabes, los hizo venir para que la defendieran por la parte del puente. Al saberlo, los nobles castellanos que habitaban en la ciudad se sintieron ofendidos, porque creían que la podían defender ellos solos, de la misma forma que habían sido ellos solos quienes la reconquistaron. Entre los dos grupos de caballeros estalló un odio inmenso, que fue creciendo y creciendo.

»Un día, los nobles sorianos decidieron organizar una gran cacería por ese monte a pesar de que los templarios lo habían prohibido. Nunca nadie la iba a olvidar, porque no fue una cacería, sino una batalla entre los dos bandos, y el monte quedó sembrado de cadáveres. Los lobos, en vez de ser atacados, tuvieron un sangriento banquete.

»El rey mandó que se dejara abandonado ese monte; y la capilla de los Templarios, en donde se enterraron amigos y enemigos, quedó en ruinas.

»Desde entonces se dice que la Noche de los Difuntos se oye tocar tristemente la campana de la capilla abandonada y

...el monte quedó
sembrado de cadáveres

que las ánimas de los muertos, envueltos en trozos de las telas que los cubrían, corren entre las zarzas y los arbustos como si estuvieran en una cacería fantástica. Los ciervos braman espantados; los lobos aúllan, y las culebras dan horrorosos silbidos. Al día siguiente, pueden verse en la nieve estampadas las huellas de los pies descarnados de los esqueletos.

»Por eso en Soria lo llamamos el monte de las Ánimas, y por esa razón tenía prisa por salir de él antes de que cayera la noche... de los Difuntos.

Alonso acabó de contar la historia del monte a su hermosa prima justo al llegar al puente que llevaba a la ciudad. Allí esperaron a los demás, y luego todos juntos cabalgaron por las estrechas y oscuras calles de Soria.

ARRIESGARSE POR UN CAPRICHO

Los criados acababan de levantar los manteles. El fuego de la alta chimenea gótica del palacio de los condes de Alcudiel despedía un resplandor intenso e iluminaba a damas y caballeros, que estaban charlando junto a la lumbre. Fuera soplaba un viento muy fuerte.

Sólo dos personas no participaban en la conversación: Beatriz y Alonso. La hermosa Beatriz miraba las llamas y callaba, pensativa. Alonso veía cómo el fuego se reflejaba en los bellos ojos azules de su prima.

Las viejas criadas contaban cuentos espantosos de noches de Difuntos, en los que salían ánimas de muertos y fantasmas.

A lo lejos se oían las campanas de Soria, que sonaban monótonas y tristes.

–Hermosa prima –dijo, por fin, Alonso, rompiendo el largo silencio–, pronto vamos a separarnos, tal vez para siempre. Sé que no te gustan las grandes llanuras de Castilla; me ha parecido verte suspirar por algún caballero de tus lejanas tierras.

Beatriz no respondió; sólo hizo un gesto mínimo de desdén con los labios.

–Quizá echas de menos la corte francesa, donde has vivido hasta ahora –añadió el joven–. En cualquier caso, presiento que no voy a tardar en perderte. Me gustaría que te llevaras un recuerdo mío. ¿Te acuerdas de cuando fuimos a la iglesia a dar gracias a Dios por haberte devuelto la salud, que viniste a buscar a esta tierra? Te llamó la atención un broche que sujetaba la pluma de mi gorra. ¡Qué bella estaría la joya en un velo sobre tu oscura cabellera! Es un regalo de mi madre; a ella se lo dio mi padre, y lo llevó el día en que se casaron... ¿Lo quieres?

–En mi país –contestó Beatriz–, un regalo así se hace para celebrar un compromiso; sólo puede aceptarse en un día señalado.

El tono helado con que Beatriz dijo estas palabras dejó al joven unos momentos sin saber qué decir, hasta que, con mucha tristeza, añadió:

–Hoy es el día de Todos los Santos y, por tanto, también lo es del tuyo. ¿Quieres aceptar como regalo de ese día mi joya?

Beatriz se mordió ligeramente los labios y, sin decir nada, tomó la joya.

Los dos volvieron a quedarse en silencio. Al fondo se oyó de

nuevo la voz cascada de las viejas que contaban historias de aparecidos y de brujas; más allá, se escuchaba el fuerte viento dando contra los cristales, y a lo lejos, el triste sonido de las campanas.

Al cabo de unos minutos, Alonso le dijo a su bella prima:

–Y antes de que acabe el día de Todos los Santos, como también se celebra el mío, podrías darme un recuerdo tú. ¿No lo vas a hacer? –le preguntó, mirando a Beatriz a los ojos, que de pronto brillaron con una idea diabólica.

–¿Por qué no? –le contestó ella.

Se llevó la mano al hombro derecho como para buscar algo entre los pliegues de su ancha manga de terciopelo bordado de oro. Después, con cara de asombro, le dijo:

–¿Te acuerdas de la banda azul que llevaba hoy en la cacería y que tú me dijiste que, por su color, reflejaba lo que sentías? ¡Pues... se me ha perdido! ¡Y era el recuerdo que quería darte!

–¿Se te ha perdido? –le preguntó Alonso, con cierto temor y a la vez con esperanza–. ¿Y dónde?

–No sé..., tal vez en el monte.

–¡En el monte de las Ánimas! –dijo Alonso, en voz que casi no pudo oírse–. Tú sabes, porque te lo habrán dicho mil veces, que soy el mejor cazador de toda Castilla. Como no he podido aún ser soldado en ninguna guerra, me he dedicado a luchar

contra las fieras. Conozco sus costumbres, sus guaridas; me he enfrentado a las más peligrosas de día y de noche, a pie y a caballo, solo y en grupo. Nadie puede decir que haya evitado nunca el peligro.

»Otra noche hubiera ido inmediatamente al monte a buscar tu banda azul; pero esta noche es la de Difuntos, y tengo miedo, no puedo ocultarlo. ¿No oyes cómo suenan las campanas? Pronto empezarán a salir por el monte los esqueletos de los caballeros muertos. ¡Ver las ánimas correr por él puede matar al más valiente! ¡Pueden arrastrar a cualquiera en su fantástica carrera, como el viento lleva una hoja, sin que se sepa adónde le llevan!

Mientras Alonso hablaba, Beatriz se sonreía, burlona; y a la vez que atizaba el fuego de la chimenea y hacía saltar chispas de mil colores, le dijo:

–¡Ir ahora al monte de las Ánimas! ¡Claro que no! ¡Qué locura! ¡Con los lobos que debe de haber en el monte esta noche tan oscura!

Y lo dijo con un tono tan especial que Alonso se dio cuenta de que ella insinuaba que él temía a los lobos, que era un cobarde.

Entonces se levantó como movido por un resorte, se pasó la mano por la frente como para quitarse ese miedo que tenía en

la cabeza y no en el corazón, y con voz firme le dijo a su prima, que aún estaba removiendo la leña del fuego:

–¡Adiós, Beatriz! ¡Hasta... pronto!

Ella esperó un instante y luego le llamó, como queriendo detenerle:

–¡Alonso! ¡Alonso!

Pero el joven ya se había ido.

A los pocos minutos se oyó un caballo que se alejaba al galope. La hermosa Beatriz, orgullosa del poder que tenía sobre su valiente primo, estuvo escuchando ese sonido hasta que se desvaneció a lo lejos.

Mientras tanto, las viejas seguían contando las historias de las ánimas que se aparecían esa noche. El aire daba golpes furiosos contra los cristales y las campanas, a lo lejos, tocaban a muerto.

LA ÚLTIMA VISITA

Había pasado una hora..., dos..., tres..., y Alonso no había vuelto. Casi eran ya las doce de la noche cuando Beatriz se retiró a su aposento. Alonso hubiera tenido que estar de vuelta en menos de una hora.

«¡Habrá tenido miedo!», se dijo la joven y, después de cerrar su libro de rezos, se fue a la cama. Había intentado rezar algunas oraciones del día de Difuntos, pero no pudo. No hacía más que pensar en que Alonso no volvía, no volvía...

Apagó la lámpara y cruzó las cortinas de seda de su lecho. Luego, poco a poco, se durmió, pero lo hizo con un sueño inquieto, ligero, nervioso.

Sonaron las doce en el reloj de la puerta del Postigo. Beatriz, entre sueños, oyó las campanadas, lentas, tristísimas, y abrió los ojos. Creía haber oído, junto al sonido de las campanas, que alguien la llamaba: «¡Beatriz! ¡Beatriz!» Era una voz como sin vida y llena de dolor.

Puso toda su atención en oír. El viento gemía en los cristales de la ventana.

«Será el viento», se dijo. Se puso la mano sobre el corazón e intentó tranquilizarse.

Pero no pudo; su corazón latía cada vez más deprisa. ¡Las puertas crujían como si alguien las fuera abriendo y se estuviera acercando! Primero fueron las más lejanas, luego el sonido se fue haciendo más próximo: unas, al abrirse, crujían con un sonido sordo y grave; otras, con un largo lamento. Después, silencio.

Era un silencio lleno de rumores extraños: un murmullo de agua a lo lejos, ladridos de perros, voces confusas, palabras que no se entendían, pasos que iban y venían, crujir de ropas que se arrastraban, suspiros ahogados, una respiración fatigosa que se sentía casi al lado... Todo anunciaba que algo se estaba acercando, algo que no podía verse...

Beatriz, sin moverse, temblaba. Después se levantó, sacó la cabeza fuera de las cortinas y escuchó un momento. Oía mil ruidos. Se pasó la mano por la frente. Volvió a escuchar. Nada. Silencio.

...sacó la cabeza
fuera de las cortinas

Veía, asustada, bultos que se movían en todas partes; pero cuando fijaba la mirada en un punto, no había nada: oscuridad, sombras.

«No hay nada», se dijo. «Me ha parecido oír algo, pero todo es imaginación mía. ¿Voy yo a tener miedo como esa gente que se asusta al oír un cuento de fantasmas?»

Apoyó de nuevo su hermosa cabeza en la almohada de raso azul del lecho y, cerrando los ojos, intentó dormir.

Pero era inútil.

Volvió a abrir los ojos y a incorporarse en la cama, aterrada. Había oído cómo se separaban las colgaduras de brocado de la puerta y ahora estaba oyendo, sobre la alfombra, unas pisadas lentas que se acercaban, se acercaban... Era un rumor sordo, que casi no se percibía; pero notaba que estaban ya muy cerca.

¡De pronto escuchó cómo se movía el reclinatorio que estaba junto al lecho!

Beatriz gritó y escondió la cabeza debajo de las sábanas. Durante unos segundos contuvo el aliento.

El viento gemía en los cristales del balcón. El agua de la

fuente lejana caía y caía con un rumor monótono. Los perros ladraban allá lejos. Las campanas de Soria sonaban tristemente por las almas de los muertos: unas, cerca; otras, lejos.

Así pasó una hora, dos, la noche, un siglo... ¡Aquella noche le pareció eterna a Beatriz!

...¡vio sobre el reclinatorio la banda azul, rota y llena de sangre!

¡Por fin empezó a amanecer! Beatriz abrió los ojos y poco a poco se fue tranquilizando. Después de una noche de insomnio y de terrores, ¡es tan hermosa la luz clara y blanca del día!

Separó las cortinas de seda del lecho, miró a su alrededor, y ya iba a reírse de sus tontos temores cuando de repente... ¡vio sobre el reclinatorio la banda azul, rota y llena de sangre!..., ¡la banda azul que había perdido en el monte!..., ¡la banda azul que había ido a buscar Alonso!

Cuando los criados, llorando, fueron a comunicarle a Beatriz la muerte del hijo mayor de los condes de Alcudiel, cuyo cuerpo, medio devorado por los lobos, había aparecido entre las malezas del monte de las Ánimas, la encontraron a ella muerta..., muerta de horror.

UN TESTIGO

Se cuenta que un año después, en la Noche de Difuntos, se perdió un cazador en el monte de las Ánimas. Al día siguiente, lo encontraron moribundo, y antes de morir, contó lo que había visto: ¡cosas horribles!

Se dice que, cuando sonaron las doce campanadas de medianoche, vio levantarse, haciendo un estrépito horrible, a los esqueletos de los antiguos templarios y de los nobles de Soria enterrados en la capilla en ruinas. Y luego dicen que contó que cabalgaron sobre esqueletos de caballos y persiguieron, como si fuera una fiera, a una mujer hermosa, pálida, con el largo cabello suelto, que, descalza y con los pies llenos de sangre, daba vueltas llorando alrededor de la tumba de Alonso.

LOS OJOS VERDES

Bécquer vio un día
unos ojos como los que
aparecen en esta leyenda.
Los vio, aunque no sabía
si en sueños o de verdad.
Eran luminosos,
transparentes como las gotas
de lluvia que resbalan sobre las hojas de los árboles
después de una tempestad de verano…

LA FUENTE DE LOS ÁLAMOS

Era la primera vez que salía de caza Fernando de Argensola, el hijo mayor de los marqueses de Almenar. Las laderas del Moncayo repetían de eco en eco el sonido de las trompas, los ladridos de los perros, las voces de los hombres.

El montero mayor de los marqueses, Íñigo, señaló al grupo el lugar más adecuado para cortar el paso al ciervo que huía. Pero todo fue inútil. Cuando el perro más rápido llegó a aquellos matorrales, jadeante y llena de espuma la boca, ya el ciervo, rápido como una flecha, los había saltado con un solo brinco y se había perdido en la maleza que llevaba a la fuente.

–¡Alto!... ¡Alto todo el mundo! –gritó entonces Íñigo–. ¡Se nos tenía que escapar!

La cabalgata se detuvo, dejaron de sonar las trompas; y los perros, gruñendo, abandonaron la pista, obedeciendo la voz de los cazadores.

En aquel momento llegó Fernando y, furioso, preguntó a su montero:

–¿Qué haces?, ¿qué haces, estúpido? ¿No ves que el ciervo está herido? ¿No te has dado cuenta de que es la primera pieza que he herido yo, y abandonas el rastro y la dejas perder para que vaya a morir al fondo del bosque? ¿Crees que he venido a matar ciervos para darles un banquete a los lobos?

–Señor –murmuró Íñigo entre dientes–, es imposible pasar de este punto.

–¿Imposible? ¿Y por qué?

–Porque este camino –dijo el montero– conduce a la fuente de los Álamos, donde vive un espíritu del mal. Quien se atreve a enturbiar sus aguas paga cara su osadía. Ya el ciervo habrá saltado sus orillas. ¿Cómo las pasaréis vos sin atraer sobre

vuestra cabeza alguna calamidad horrible? Los cazadores somos reyes del Moncayo, pero reyes que pagamos un tributo: si la pieza de caza se refugia en esa fuente misteriosa, pieza perdida. Es lo que pagamos al monte.

–¡Pieza perdida! Antes perderé las tierras de mis padres, y antes perderé el alma en manos del diablo que dejar que se me escape ese ciervo, ¡el único que he herido en mi vida, el primero al que alcanza una flecha mía! ¿No lo distingues aún desde aquí? A veces se le ve correr entre los matorrales. Puedo imaginar cómo le fallan las piernas, corre ya menos... ¡Déjame, déjame! ¡Suelta la brida de mi caballo o te revuelco en el polvo! ¡Así sí que llegará a la fuente! Y si llega, ¡al diablo ella, sus aguas limpias y sus habitantes! ¡Relámpago, caballo mío, adelante! ¡Vamos a alcanzar el ciervo!

El caballo y el jinete partieron como un huracán. Íñigo los siguió con la vista hasta que se perdieron en la maleza. Después miró a los demás. Todos estaban como él: desolados, sin decir palabra.

El montero les dijo:

–Señores, vosotros lo habéis visto: casi me mata con las patas de su caballo por querer detenerle. Yo he cumplido con mi deber. ¡Con el diablo no valen audacias! ¡Allá él!

UNA OBSESIÓN SE APODERA DEL JOVEN

Habían pasado muchos días desde aquella cacería. Desde entonces nadie había visto sonreír a Fernando.

Íñigo, el fiel montero, se atrevió a preguntarle qué le pasaba un día en que el joven, con un cuchillo de monte, iba sacando astillas de un banco de madera sin darse cuenta de lo que hacía, completamente metido en sus pensamientos.

–Estáis pálido, andáis pensativo, sombrío. ¿Qué os pasa? –le dijo–. Desde aquel día (que yo nunca olvidaré) en que llegasteis a la fuente de los Álamos persiguiendo el ciervo herido, parece que estáis embrujado. Ya no vais a los montes a cazar con todo el mundo. Yo os veo cómo todas las mañanas cogéis la ballesta para iros solo al monte y allí estáis hasta que el sol se pone. Y cuando volvéis cansado y pálido, yo echo una mirada a vuestra bandolera a ver si veo qué habéis cazado, ¡y no hay nunca nada!

El joven tardó un rato en hablar. Seguía sacando astillas con el cuchillo, y sólo se oía el chirrido de la hoja sobre la madera. Hasta que, como si no hubiera oído la pregunta, le dijo a su fiel servidor.

–Íñigo, tú que eres viejo, tú que conoces todas las cuevas del Moncayo, tú que has pasado años cazando en las laderas del monte y que alguna vez has subido hasta la cumbre, dime: ¿has encontrado por casualidad alguna vez a una mujer que vive entre sus rocas?

–¿Una mujer? –preguntó el montero, asombrado y mirándole de arriba abajo.

–Sí –dijo el joven–. Es algo muy extraño lo que me pasa, algo muy extraño... Creí poder guardar siempre este secreto, pero ya no puedo más, tengo que contárselo a alguien. Te lo voy a contar a ti, mi fiel y buen Íñigo. Tú me ayudarás a que consiga solucionar el misterio que rodea a esa bellísima mujer que sólo existe para mí, porque nadie la conoce ni la ha visto ni puede darme razón de ella.

El montero, sin decir nada, arrastró su banquillo hasta sen-

tarse junto al escaño de su señor. No podía hacer otra cosa más que mirarle con espanto.

Y Fernando entonces le contó:

–Desde el día en que, a pesar de tu prohibición y de tus palabras, llegué a la fuente de los Álamos y, atravesando sus aguas, cogí el ciervo que vosotros habíais dejado huir, se llenó mi alma de un extraño deseo de soledad, de estar siempre solo.

»¿Tú conoces aquel sitio? Mira: la fuente brota escondida dentro de una peña, y el agua cae, resbalándose gota a gota por las verdes hojas de las plantas que crecen al borde. Aquellas gotas brillan como puntos de oro y suenan como notas musicales de un instrumento; luego se reúnen entre los céspedes y, susurrando, con un sonido semejante al de las abejas en torno a las flores, se alejan por las arenas y forman un riachuelo. Avanzan saltando sobre las piedras, corren por entre ellas; a veces parece que suenan como risas, otras, como suspiros, hasta caer en un lago.

»Me he sentado muchas veces a su orilla y he oído lamentos, palabras, nombres, cantos y no sé qué más en aquel rumor que hacen las aguas de la misteriosa fuente al saltar al lago, que parece una balsa, porque su superficie no se mueve, sólo el viento de la tarde la riza un poco.

Me he sentado
muchas veces a su orilla

»Todo allí es grande. Parece que vive en ese lugar la soledad: en las plateadas hojas de los álamos, en los huecos de las peñas, en las ondas del agua... Muchas veces he creído que la naturaleza me hablaba sin palabras.

»Cuando al amanecer me veías coger la ballesta y dirigirme al monte, no iba a cazar, no; iba a sentarme al borde de la fuente de los Álamos buscando en sus aguas... no sé qué, ¡una locura! ¡Voy a decírtelo! El día que salté sobre ella con mi caballo Relámpago, creí ver brillar en el fondo una cosa extraña..., muy extraña: los ojos de una mujer.

»Tal vez fue un rayo de sol que brilló en sus aguas, tal vez fuera una flor verde de las algas que flotan en ellas... No sé. Pero creí ver una mirada que se clavó en la mía, una mirada que encendió en mi pecho un deseo absurdo, imposible: el de encontrar a la persona que tuviera esos ojos. Y he ido a ese lugar esperando verla un día y otro y otro...

»Una tarde... ¡Creí que soñaba! Pero no; es verdad, porque he hablado con ella muchas veces ya, como te hablo a ti ahora. Una tarde, encontré sentada en mi sitio, donde yo siempre miraba el agua, a una mujer bellísima. Su largo vestido llegaba hasta el agua; sus cabellos eran como el oro; sus pestañas brillaban como hilos de luz, y entre ellas descubrí ¡los ojos que había visto en el fondo de la fuente! Unos ojos de un color maravilloso, imposible, unos ojos...

–¡Verdes! –exclamó Íñigo con terror al mismo tiempo que se levantaba de su asiento.

–¿La conoces? –le preguntó Fernando, asombrado de que supiera el color de esos ojos que no le dejaban dormir.

–¡Oh, no! –dijo el montero–. ¡Dios me libre de conocerla! Pero mis padres, cuando me prohibieron ir a la fuente de los Álamos, me dijeron mil veces que el espíritu, demonio o mujer que habita en sus aguas tiene los ojos verdes, de un verde maravilloso. ¡Por favor, por lo que más queráis, no volváis más a la fuente de los Álamos! ¡Un día u otro acabará con vos y os castigará por haber ensuciado sus aguas!

–¡Por lo que más quiera! –murmuró el joven con una triste sonrisa.

–Sí –repitió el fiel montero–, por vuestros padres, por lo que améis más...

–¿Sabes tú lo que más amo en este mundo? ¿Sabes tú por lo que daría el amor de mi padre, el cariño y los besos de mi madre? ¡Por una mirada, por una sola mirada de esos ojos!... ¡Mira si yo puedo dejar de buscarlos!

...acabará con vos y os castigará por haber ensuciado sus aguas!

Y Fernando dijo estas palabras con tal tristeza, con tal intensidad, que Íñigo no pudo decirle nada más, y una lágrima resbaló por su mejilla.

LA ATRACCIÓN FATAL

El sol se estaba poniendo, se había ocultado ya tras la cumbre del monte, y las sombras bajaban a grandes pasos por su falda. La brisa gemía entre los álamos de la fuente, y la niebla se levantaba poco a poco de la superficie del lago y empezaba a envolver las rocas de su orilla.

Sobre una de estas rocas que parecía que estaba a punto de caerse al fondo de las aguas, Fernando de Argensola estaba arrodillado a los pies de su misteriosa amada, intentando saber quién era. Le preguntaba:

–¿Quién eres tú? ¿De dónde vienes? ¿Dónde vives? Yo he venido un día y otro y otro en tu busca y no he visto ni el caballo que te trae aquí ni a los criados que te acompañan. Dime, por favor, quién eres. No me importa si eres noble o no. Yo te amo y seré tuyo, tuyo siempre...

La misteriosa dama era muy hermosa, y pálida como una estatua. Sus cabellos rubios, que brillaban como rayos de sol, caían sobre sus hombros; y sus ojos eran como dos esmeraldas, de un verde increíble...

Cuando el joven acabó de hablarle, los labios de la bellísima muchacha se movieron como para decir alguna palabra, pero Fernando sólo pudo oír un suspiro, un suspiro doliente como el de una ligera onda del lago que una suave brisa lleva a morir entre los juncos de la orilla.

–¡No quieres contestarme! –exclamó Fernando–. ¿Quieres que haga caso de lo que me dicen de ti? Háblame, por favor; dime algo. Necesito saber si me amas. Quiero saber si puedo quererte. ¡Necesito saber si eres una mujer...!

–¿O un demonio...? –acabó de decir la bellísima joven–. ¿Y si lo fuese?

Fernando se quedó sin palabras. Un sudor frío le empapó la frente. Sus ojos no podían dejar de mirar los de aquella mujer; estaba fascinado por su belleza, por su brillo intensísimo... Y, enloquecido, exclamó apasionadamente:

–Si fueras un demonio..., te amaría..., te amaría como te amo ahora. Mi destino es amarte hasta más allá de esta vida, si hay algo más allá de ella.

–Fernando –dijo entonces la hermosa dama, con voz parecida a una música–, yo te amo más aún de lo que tú me amas. Tanto que, siendo un espíritu puro, te quiero a ti, que eres un ser mortal. Yo no soy una mujer como las que hay en la tierra. Yo soy una mujer digna de ti, que eres superior a los demás hombres. Yo vivo en el fondo de estas aguas y soy como ellas; no tengo cuerpo, soy fugaz, transparente. Hablo con sus rumores. No es cierto que yo castigue al que se atreve a mover las aguas de la fuente donde vivo; yo le premio con mi amor porque no ha hecho caso de las historias que cuenta la gente, porque sé que él es el único que puede entender mi cariño extraño y misterioso.

Mientras ella le iba hablando, el joven, completamente dominado por los ojos verdes que le miraban, atraído como por una fuerza desconocida, se acercaba más y más al borde de la roca.

La bellísima mujer de ojos verdes siguió diciéndole:

...dominado por los ojos verdes que le miraban

–¿No ves el fondo de este lago? ¿Ves esas plantas de largas y verdes hojas que se mueven en él? Ahí descansaremos los dos juntos... Yo te daré una felicidad que no puede imaginarse, que nadie puede darte... Ven. La niebla del lago flota sobre nuestras cabezas; las ondas nos llaman con sus rumores, el suave viento canta entre los álamos una canción de amor. Ven..., ven conmigo...

La noche empezaba a extender sus sombras. La luna se reflejaba en las aguas del lago. La niebla se movía al soplo del aire. Y los ojos verdes brillaban, brillaban en la oscuridad como fuegos de artificio sobre aguas peligrosas...

Fernando sólo oía ese «ven..., ven». Y la bellísima mujer de ojos verdes lo llamaba desde el borde del abismo. Parecía que la sostenía el aire... Parecía ofrecerle un beso..., un beso...

Ven...,
ven conmigo...

...perdió pie
y cayó al agua

Fernando dio un paso hacia ella, otro..., y sintió unos brazos delgados y flexibles que se anudaban a su cuello, y una sensación fría en sus labios ardientes, un beso de nieve... Y vaciló..., perdió pie y cayó al agua con un rumor sordo.

Las aguas saltaron en chispas de luz y se cerraron sobre su cuerpo. Los círculos de plata de la superficie del lago fueron ensanchándose, ensanchándose, hasta morir en la orilla.

EL RAYO DE LUNA

¿Es una historia o un cuento? ¿Ocurrió de verdad o no? Bécquer no lo sabía; pero sí que en su fondo hay una gran verdad. Y para aquellos que la vean o para los que sólo quieran entretenerse un rato, nos contó la historia de Manrique.

NO ERA COMO LOS DEMÁS

Manrique era un noble. Había nacido en medio del estruendo de las armas, de tal forma que una trompa de guerra no le hubiera hecho levantar la cabeza ni apartar un instante los ojos del pergamino en que leía la última cantiga de un trovador.

Nunca estaba con los demás. No había que buscarle en el patio de su castillo, donde los palafreneros domaban los potros, los pajes enseñaban a volar a los halcones y los soldados se entretenían los días de descanso en afilar el hierro de su lanza en una piedra.

A veces, su madre preguntaba a los pajes:

–¿Dónde está Manrique? ¿Dónde está vuestro señor?

¿Dónde está Manrique?
¿Dónde está vuestro señor?

–No lo sabemos –respondían ellos–. Estará tal vez en el claustro del monasterio de la Peña, sentado junto a una tumba, por si oye hablar a los muertos. O quizá en el puente, mirando correr las olas del río por debajo de sus arcos. Y si no, puede estar acurrucado en el hueco de una roca contando las estrellas o viendo cómo avanza por el cielo una nube o mirando las estrellas fugaces que lo cruzan como una exhalación. Puede estar en cualquier parte, pero donde no haya nadie.

En efecto, Manrique iba siempre donde estuviera solo. Decían que le molestaba incluso su sombra, porque le seguía a todas partes.

Manrique era en el fondo un poeta. En esos lugares solitarios, él se imaginaba que había un mundo fantástico. Creía que en la chimenea, entre los trozos de leña al rojo vivo, vivían espíritus de fuego de mil colores, que corrían como si fueran insectos de oro por los troncos, o que bailaban en forma de chispas encima de las llamas. Se pasaba las horas muertas sentado en una banqueta junto a la gran chimenea, inmóvil, con los ojos fijos en la lumbre.

...una noche entera
mirando la luna

Creía que en el fondo del río, entre los musgos de la fuente y sobre los vapores del lago, vivían las ondinas, unas mujeres misteriosas. Y le parecía oír sus suspiros, sus lamentos, o sus risas y sus cantos en medio del rumor del agua, rumor que escuchaba con toda su atención y en silencio, intentando separar de él esas voces de las ondinas.

En las nubes, en el aire, en el fondo de los bosques, en las grietas de las peñas, en todas partes, creía ver formas misteriosas y le parecía escuchar sonidos extraños, palabras que no podía entender.

Se había pasado una noche entera mirando la luna, que flotaba en el cielo entre un vapor de plata, o a las estrellas, que temblaban a lo lejos, brillando como las piedras preciosas. Y en aquellas largas noches en que las contemplaba, se decía: «Si es verdad que esos puntos de luz que hay en el cielo son otros mundos, ¡qué mujeres tan bellas debe de haber allí, en esos lugares luminosos! ¡Y yo no puedo verlas! ¿Cómo deben de ser?»

UNA MUJER DESCONOCIDA EN LA ALAMEDA

Sobre el Duero, que pasaba cerca de las oscuras piedras de las murallas de Soria, hay un puente que lleva de la ciudad al antiguo convento de los templarios.

En los lejanos tiempos en que vivió Manrique, los caballeros habían ya abandonado sus fortalezas al otro lado del río, pero quedaban aún en pie algunos de sus muros. Se podían ver arcos y torreones cubiertos de hiedras y de campanillas blancas y azules; el viento, al pasar por ellos, gemía y movía las hierbas altas.

La vegetación cubría todo lo que antes habían sido huertos y jardines cuidados. Las plantas trepadoras subían por los

viejos troncos de los árboles. La tierra que había entre las hileras de álamos, cuyas copas se tocaban, estaba cubierta de cardos silvestres, de ortigas, de hierba. Era como si la naturaleza hubiera vencido a las construcciones del hombre: había invadido las ruinas de sus edificios.

Una noche de verano, templada, llena de perfumes y de rumores agradables, y con una luna blanca y serena en mitad del cielo azul, luminoso, Manrique atravesó el puente para dirigirse a las ruinas de las fortalezas de los templarios. Se dio la vuelta para mirar un momento la negra silueta de la ciudad que se destacaba sobre el fondo de algunas nubes blanquecinas y luego se adentró en las ruinas, que eran ya un bosque de vegetación.

Era casi medianoche. La luna, que había ido subiendo lentamente por el cielo, estaba ya en lo más alto. Manrique, al entrar en la oscura alameda que llevaba desde el claustro en ruinas a la orilla del Duero, dejó escapar un leve grito. Era un grito de sorpresa, de miedo y, sobre todo, de alegría.

En el fondo de la oscura alameda, había visto moverse una cosa blanca que flotó un instante y desapareció en la oscuridad. Manrique se dio cuenta de que era el extremo del traje de una mujer, de una mujer que había cruzado el sendero y se ocultaba entre los árboles en el momento en que él había entrado en los jardines abandonados.

...había visto moverse
una cosa blanca

«¡Una mujer desconocida!... ¡En este sitio!... ¡A estas horas!», se dijo Manrique, hablando solo. «¡Ésa, ésa es la mujer que yo busco!»

Y, olvidando el miedo, se metió entre los árboles en su busca, rápido como una flecha.

LA PERSECUCIÓN

Vio perderse a la misteriosa mujer entre la espesura de las ramas. Había desaparecido, pero ¿por dónde? Manrique se detuvo, miró a todas partes y creyó, por fin, ver allá lejos, muy lejos, entre los troncos de los árboles, como una claridad o una forma blanca que se movía.

«Es ella, es ella», se dijo. «Es ella, que parece que lleva alas en los pies y huye como si fuera una sombra.»

Y empezó a correr de nuevo con todas sus fuerzas. Tenía que separar con las manos las redes de hiedra que unían unos álamos con otros. Llegó, por fin, rompiendo la maleza y las enredaderas, hasta una especie de rellano que iluminaba la claridad del cielo. ¡Pero no había nadie!

Se quedó quieto, asombrado; y puso todos sus sentidos en escuchar los ruidos de la oscura alameda.

–¡Sí! ¡Por aquí! ¡Por aquí va! –exclamó entonces.

Y se dijo: «Oigo sus pisadas sobre las hojas secas, y el crujido de su traje, que arrastra por el suelo y roza en los arbustos.»

Empezó a correr de nuevo como un loco, de aquí para allá, por donde le parecía haber oído las pisadas, el rozar del traje. Pero no la veía, no la veía por parte alguna.

Escuchó de nuevo.

–¡Pero siguen sonando sus pisadas! –murmuró–. Creo que ha dicho algo. Sí, ha dicho algo –y casi gritaba al decirlo.

«No lo he oído bien por culpa del viento, que suspira entre las ramas. No he podido saber qué decía por culpa de las hojas, que se mueven y parece que murmuran. Pero no hay duda, ¡va por ahí!, y ¡ha dicho algo! ¿En qué idioma? No lo sé, pero es una lengua extranjera porque no he podido entenderlo...»

Y volvió a correr siguiendo esa voz, esa leve luz, esos pasos que le pareció oír, ese roce del vestido en los árboles... Pero ¡nada! Unas veces creyó verla de nuevo; otras, le pareció que oía su voz. Aquí creía que se movían las ramas a su paso; allí, que veía en el suelo la huella de sus pequeños pies. ¡Y el perfume, su perfume! Era un olor especial, maravilloso el que olía; seguro que era de esa extraña muchacha, que se estaba burlando de él porque le huía por entre los árboles, por la maleza, que ella debía conocer mejor que él...

Se pasó horas de un lado a otro, fuera de sí. A veces se paraba a escuchar; otras, caminaba sin hacer casi ruido para intentar seguir oyendo esa voz que no sabía qué decía. Cuando creía que estaba más cerca, se ponía a correr como un loco.

Andando y corriendo por los inmensos jardines abandonados que seguían la orilla del río Duero, llegó, al fin, al pie de las rocas sobre las que se levanta la ermita de San Saturio.

«Tal vez si subo arriba, podré ver mejor el camino para seguir buscando en este laberinto», pensó. Y empezó a trepar por las peñas ayudándose con una daga que llevaba.

Llegó a la cima, desde donde se veía a lo lejos la ciudad de Soria y una gran parte del Duero, que se retuerce a sus pies con una corriente oscura e inmensa.

Manrique, desde lo alto de las rocas, miró a su alrededor. Y ¡de pronto vio lo que buscaba! La luz de la luna se reflejaba en la estela que dejaba tras de sí una barca que se dirigía muy deprisa a la orilla opuesta del río.

En aquella barca le pareció ver una forma blanca y esbelta, la de una mujer, sin duda, la de la mujer que había visto en la alameda, la mujer de sus sueños..., que se le escapaba.

...una barca que se
dirigía muy deprisa a la orilla

Bajó de las peñas con la agilidad de un gamo, tiró al suelo la gorra para que su larga pluma no le impidiera correr, y se quitó también una capa corta de terciopelo para salir disparado como una flecha hacia el puente. Pensaba atravesarlo y llegar a la ciudad antes de que la barca tocase la otra orilla. ¡Una locura!

Cuando Manrique llegó, sin aliento y cubierto de sudor, a la entrada del puente, los de la barca ya entraban en Soria por una de las puertas de la muralla, que en aquel tiempo llegaba hasta la orilla del río. ¡Se le había escapado la extraña mujer, esta vez sin remedio!

INVESTIGANDO EN LA CIUDAD

Aunque sabía que no podía alcanzar a los de la barca que habían entrado en Soria por la puerta de San Saturio, Manrique no perdió la esperanza de averiguar la casa adonde había ido la misteriosa dama.

Con esta idea fija, entró en Soria, se fue hacia el barrio de San Juan y empezó a vagar sin rumbo por sus calles. Eran estrechas, oscuras, retorcidas. Reinaba en ellas un silencio profundo, que sólo rompían a veces un lejano ladrido de perro, el ruido de una puerta al cerrarse o el relincho de un caballo, que hacía sonar la cadena que lo sujetaba al pesebre.

Manrique caminaba con el oído atento a estos rumores de la

noche. Unas veces le parecía oír los pasos de alguien que había doblado ya la esquina de un callejón desierto; otras, voces confusas de gente que hablaban detrás de él y que esperaba enseguida ver a su lado. Así se pasó horas caminando de una calle a otra.

Por último, se paró ante un caserón de piedra, oscuro y muy antiguo. ¡Y de pronto sintió una alegría inmensa! En una de las grandes ventanas de aquel casi palacio, se veía un rayo de luz muy suave que, pasando a través de unas ligeras cortinas de seda color de rosa, se reflejaba en el muro oscuro y lleno de grietas de la casa de enfrente.

–No me cabe duda. ¡Aquí vive la dama desconocida! –se dijo hablando en voz muy baja–. ¡Aquí vive! –repitió sin dejar de mirar el ventanal.

«Entró en la ciudad por la puerta de San Saturio, que da a este barrio. En este barrio sólo hay esta casa iluminada después de medianoche. ¿Quién va a estar en vela a estas horas? ¡Sólo ella, que vuelve de su paseo nocturno! Es ésta su casa, es ésta...»

Y con esta seguridad y pensando en mil cosas fantásticas, Manrique esperó que se hiciera de día al pie del ventanal. Toda la noche vio una luz encendida en él; y toda la noche estuvo mirando ese ligero cortinaje rosa por si la veía.

Cuando llegó el día, se abrieron las macizas puertas del arco que daba entrada al caserón con un chirrido profundo y agudo.

En el umbral apareció un escudero con un manojo de llaves en la mano, restregándose los ojos y bostezando.

Manrique se lanzó a hacerle un montón de preguntas:

–¿Quién vive en esta casa? ¿Cómo se llama ella? ¿De dónde es? ¿A qué ha venido a Soria? ¿Está casada? Responde, responde –le dijo, sacudiéndole el brazo.

El pobre escudero, medio dormido aún, le miró un buen rato con ojos espantados y le dijo:

–En esta casa vive el muy honrado señor don Alonso de Valdecuellos, montero mayor de nuestro señor el rey, que, herido en la guerra contra los moros, está reponiéndose en esta ciudad.

–Pero ¿y su hija? –le cortó el joven, impaciente–. ¿Y su hija, o su hermana, o su esposa o lo que sea esa dama tan hermosa?

–Aquí no vive ninguna mujer.

–¿Cómo que no vive aquí mujer alguna? ¿Y quién duerme, pues, en aquel aposento donde ha ardido una luz toda la noche?

–¿Allí? Allí duerme mi señor don Alonso, que, al estar enfermo, tiene encendida su lámpara hasta que amanece.

Si en aquel momento hubiera caído un rayo a los pies de Manrique, se hubiera asombrado menos que al oír esas palabras.

LA IMAGINACIÓN PINTA EL RETRATO DE LA DAMA DESCONOCIDA

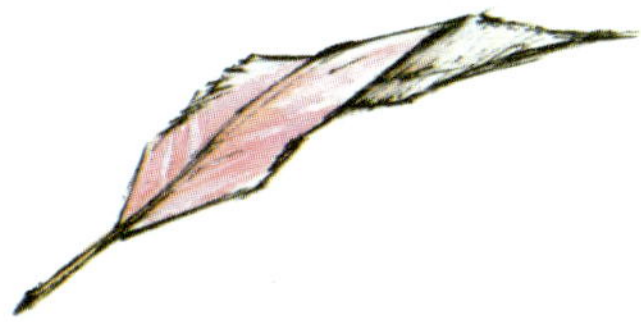

En los días, en las semanas siguientes, Manrique no pensó en otra cosa que en la bella dama desconocida.

Se decía una y otra vez el joven: «Yo la encontraré, la encontraré. Y si lo hago, estoy seguro de que sabré que es ella, de que la reconoceré. ¿En qué? No sé..., pero sabré que es ella. El eco de sus pasos o una sola palabra suya que vuelva a oír, un extremo de su traje... me bastarán para que la reconozca.»

«Noche y día veo flotar aquellos pliegues de una tela blanquísima. Noche y día me suena dentro de la cabeza el crujido de su traje, el confuso rumor de esas palabras suyas que no entendí. ¿Qué dijo?... ¿Qué dijo? Si yo pudiera saber qué dijo, tal vez... Pero aun sin saberlo, la encontraré..., la encontraré. Me lo dice el corazón, y el corazón nunca me engaña.»

«Verdad es que ya he recorrido todas las calles de Soria, que he pasado noches de pie en una esquina vigilando por si pasaba por allí, que he preguntado a todos los criados que he podido ¡e incluso les he dado dinero para ver si así contaban mejor lo que sabían!»

«Un día creí que una vieja tapada era mi dama desconocida... y me acerqué a la salida de misa a darle agua bendita en la mano. ¡Una noche seguí, como un tonto, la litera del arcediano creyendo que el extremo de su sotana era el traje de ella! Pero no importa, ¡yo la encontraré!»

«¿Cómo serán sus ojos? ¡Azules! Estoy seguro. Serán azules como el cielo de la noche. ¡Me gustan tanto los ojos de ese color! Son tan tristes, tan bellos. Sí, no hay duda: son azules. ¿Y sus cabellos? ¡Negros! Negros, muy negros y largos para que floten, porque los vi flotar en el aire aquella noche, de la misma forma que lo hacía su traje cuando corría. ¡Eran negros! ¡Los vi, y eran negros!»

...hermosa como
el más bello sueño

«¡Qué bien sientan unos ojos azules y una cabellera suelta, flotante y negra a una mujer alta... ¡Porque ella es alta, alta y esbelta como los ángeles de piedra de las portadas de nuestras catedrales! ¡Y su voz! ¡Su voz sí la he oído! Su voz es suave como el rumor del viento en las hojas de los álamos. Al andar, sus pasos suenan como las cadencias de una música.»

«Y esa mujer, que es hermosa como el más bello sueño, que piensa como yo, porque le gusta lo que a mí me gusta, ¿no me ha de querer como yo la quiero? ¿No se ha de enamorar de mí como yo lo estoy de ella, con todas mis fuerzas, con toda mi alma?»

«Voy a ir otra vez al lugar donde la vi por primera... y única vez. Tal vez a ella, que es como yo, le gustará andar por entre las ruinas y los árboles en medio de la noche.»

Habían pasado ya dos meses desde que el escudero de don Alonso de Valdecuellos mató la ilusión de Manrique. Dos meses durante los cuales no dejó de pensar en ella ni un solo momento. Cada hora construía un castillo en el aire, que desaparecía en un soplo. Dos meses durante los cuales había buscado en vano a aquella mujer desconocida.

Su amor crecía y crecía en su alma porque su imaginación se la pintaba a cada momento.

OTRA NOCHE DE LUNA LLENA

Una noche, serena y hermosa, en que Manrique volvió a su paseo acostumbrado, a atravesar el puente que llevaba a la fortaleza en ruinas de los templarios, la luna brillaba con toda su luz en lo más alto del cielo. El viento suspiraba con un rumor muy dulce entre las hojas de los árboles.

Manrique llegó al claustro en ruinas, miró a través de los arcos... Estaba desierto.

Salió de él y se dirigió a la oscura alameda que llevaba al Duero. Todavía no había entrado cuando se le escapó un grito de alegría: ¡Había visto flotar un instante, y luego desaparecer, el extremo del traje blanco, del traje blanco de la mujer de sus sueños, de la mujer que ya amaba como un loco!

Corrió, corrió en su busca. Llegó al lugar donde la había visto desaparecer. Y al llegar, se detuvo, miró espantado el suelo, se quedó un instante inmóvil y luego empezó a reírse como si estuviera loco, con una risa desesperada, desgarradora.

Aquella cosa blanca, ligera, flotante, había vuelto a brillar ante sus ojos; había brillado a sus pies un solo instante.

¡Era un rayo de luna! ¡Un rayo de luna que entraba por entre los árboles cuando el viento movía las ramas!

TIEMPO DESPUÉS

Había pasado algún tiempo. Manrique, sentado junto a la alta chimenea de su castillo, contemplaba las llamas con una mirada sin brillo.

Su madre le decía:

–Manrique, eres joven, eres guapo, ¿por qué estás siempre solo? ¿Por qué no buscas a una mujer a la que ames y te haga feliz?

–¡El amor!... El amor es un rayo de luna –murmuraba el joven.

Uno de sus fieles escuderos le decía:

–¿Por qué no hacéis algo? Os vestís de guerrero y nos vamos a la guerra; allí tal vez conseguiréis la gloria.

–¡La gloria!... La gloria es un rayo de luna.

Y el escudero, acordándose de lo mucho que le gustaban las canciones de los trovadores, le dijo entonces:

–¿Queréis que os cante la última canción de Arnaldo, el trovador provenzal?

–¡No! ¡No! –le gritó–. ¡No quiero nada! ¡Quiero que me dejéis solo! Canciones..., amor..., gloria..., ¡mentiras! Todo son fantasmas que imaginamos a nuestro gusto. Los deseamos, corremos tras ellos, ¿y para qué?... Para encontrar un rayo de luna.

Manrique estaba loco; todo el mundo lo creía así.

¿Pero estaba loco realmente?

LA PROMESA

Ésta es una historia muy triste,
pero también muy hermosa.
Nos habla de la fuerza inmensa
del amor y de que siempre hay
que cumplir las promesas.

LA DESPEDIDA

Margarita lloraba tapándose la cara con las manos. Lloraba sin gemir, pero las lágrimas, que corrían por sus mejillas, se deslizaban por entre sus dedos hasta caer en tierra.

Junto a ella estaba Pedro, en silencio. De vez en cuando levantaba los ojos para mirarla y, al ver que seguía llorando, volvía a bajarlos.

Estaban en el campo, y todo callaba a su alrededor como queriendo respetar su pena: el viento de la tarde dormía y las sombras comenzaban a envolver los espesos árboles.

Pasó un rato. El sol había desaparecido ya del horizonte, y la luna empezaba a dibujarse sobre el fondo violeta del cielo.

Una tras otra fueron apareciendo las estrellas.

Pedro rompió, por fin, aquel silencio angustioso. Y dijo, como si hablara consigo mismo:

–¡Es imposible..., es imposible!

Después, acercándose a la desconsolada joven y tomando una de sus manos, le dijo:

–Margarita, para ti el amor lo es todo y no ves nada más allá del amor. Pero hay algo tan importante como nuestro amor y es mi deber. Nuestro señor, el conde de Gómara, se marcha mañana con sus tropas para ir a reunirse con el rey don Fernando, que va a ir a conquistar Sevilla, en poder de los moros. Y yo tengo que marcharme con el conde. Le debo a él cuanto soy, porque no sé quiénes fueron mis padres y no tengo más que lo que él me ha dado. En tiempo de paz, he dormido bajo su techo, me he calentado con el fuego de su hogar y he comido el pan en su mesa. Si hoy le abandono, mañana sus hombres de armas, al salir de las puertas de su castillo, al no verme, preguntarán: «¿Dónde está el escudero favorito del conde de Gómara?» Y mi señor callará, avergonzado de mí. Y los pajes se

burlarán de mí, con razón, diciendo: «Al escudero del conde no le gusta la guerra; sólo los juegos.»

Margarita, entonces, levantó la cara y miró con sus ojos llenos de lágrimas los de su amado Pedro. Iba a decirle algo, pero no pudo porque su voz se rompió en sollozos.

Pedro, dulcemente, le dijo:

–No llores, por Dios, Margarita. No llores porque me partes el alma. Me marcho, pero volveré y lo haré después de haber conseguido un poco de gloria para mi nombre, que hoy nadie conoce. Ya verás cómo el cielo nos ayudará y conquistaremos Sevilla, y el rey nos dará, a los que luchemos con él, terrenos junto al Guadalquivir. Entonces volveré a buscarte y nos iremos juntos a vivir en aquellas tierras maravillosas, donde dicen que hasta el cielo es más limpio y más azul. Volveré, te lo juro. Volveré a cumplir la promesa que te hice cuando puse en tu dedo este anillo. Volveré, y nos casaremos.

–¡Pedro! –exclamó entonces Margarita, dominando su dolor–. Vete, vete a conquistar la gloria para tu nombre.

Y al decir estas palabras, abrazó con fuerza a su Pedro y luego añadió:

–Vete, pero vuelve..., vuelve a cumplir tu promesa.

Pedro besó la frente de Margarita. Desató su caballo, que estaba sujeto a uno de los árboles del bosque, y se alejó al galope por el fondo de la alameda.

Margarita siguió a Pedro con los ojos llenos de lágrimas hasta que su sombra se confundió con la niebla de la noche. Y cuando ya no vio nada, se volvió lentamente a su casa, donde le estaban esperando sus hermanos.

Al llegar la bella joven a su casa, le dijo uno de sus hermanos:

–Mañana quiero que te pongas tus mejores vestidos porque vamos a ir a Gómara con la gente del pueblo a ver al conde, que se marcha a Andalucía a ayudar al rey en la guerra contra los moros.

–A mí me da pena ver marchar a los que tal vez no vayan a volver –le contestó Margarita, suspirando.

–Pues has de venir con nosotros –le dijo el otro hermano–. Y has de vestirte de fiesta y estar muy alegre; que por ahí la gente va murmurando que tienes un amor en el castillo y que se va a ir ahora a la guerra.

SE MARCHAN LAS TROPAS DEL CONDE

Al día siguiente, al amanecer, empezaron a oírse por todo el campo de Gómara las trompetas que anunciaban la marcha de las tropas.

De todas partes llegaban campesinos al castillo. Unos se quedaban bordeando el camino por donde iban a pasar los soldados; otros se subían a los árboles para verlo todo mejor.

De pronto sonaron de nuevo los clarines, rechinaron las cadenas del puente levadizo, que cayó sobre el foso que rodeaba el castillo, y se abrieron las enormes puertas que daban al patio de armas. Empezó el desfile de los heraldos con sus casullas de seda y escudos bordados en oro y con sus gorras con vistosas

plumas. Luego los trompeteros y el escudero mayor con el estandarte del conde. Les seguían los peones, los hombres que iban a pie, con largas picas y escudos de cuero. Después, los escaladores y otros soldados. Luego, los caballeros montados en

los caballos, levantando nubes de polvo; formaban un bosque de lanzas. Y, por último, rodeado de sus pajes, con ricos trajes de seda y oro, y seguido de sus escuderos, apareció el conde de Gómara.

Al verle, la gente empezó a aclamarle a grandes voces, entusiasmada. Y entre los muchos gritos, quedó ahogado el de una mujer que cayó desmayada como si un rayo la hubiera fulminado: era Margarita. ¡Había visto a Pedro! ¡Y era... el conde de Gómara!

¡Su amor era uno de los señores más poderosos de la corona de Castilla!

UNA MANO AYUDA AL CONDE DE GÓMARA

El ejército del rey Fernando estaba ya en las puertas de Sevilla. Había ganado Écija, Carmona y Alcalá del Río a los moros, y ahora tenía que emprender su batalla más fuerte para conquistar la gran ciudad.

El conde de Gómara estaba en su tienda sentado, inmóvil, pálido, terrible, las manos cruzadas sobre la empuñadura de su gran espada, y los ojos fijos en el espacio sin mirar nada, sin ver nada.

A su lado, de pie, estaba su escudero más antiguo y más fiel, el único que, en aquellas horas de tristeza del conde, se podía atrever a hablarle sin que su señor estallara en un ataque de furia.

–¿Qué tenéis, señor? –le preguntó– . ¿Qué mal os consume? Vais triste al combate y volvéis triste aunque hayáis conseguido una gran victoria. Cuando todos duermen, agotados, os oigo a vos suspirar con angustia. A veces me he acercado a vuestro lecho y he visto cómo lucháis contra algo que os atormenta. Os he visto abrir los ojos, pero vuestro terror no se desvanece. ¿Qué os pasa, señor? Yo puedo guardar vuestro secreto como si fuera una tumba.

El conde parecía que no oía al escudero. Pero, al rato, como si las palabras hubieran necesitado todo ese tiempo para llegar a su cerebro, le dijo con voz grave y reposada:

–He sufrido muchos días en silencio. Creía que eran imaginaciones mías y por eso callaba. Pero no, no es una fantasía lo que me pasa. Debo de estar sufriendo una terrible maldición.

»¿Te acuerdas del día en que luchamos contra los moros de Nebrija? Éramos pocos. La pelea fue durísima, y yo estuve a punto de morir. Tú lo viste: en lo más duro de la batalla, mi caballo, herido y furioso, se lanzó contra los moros. Yo intenté en

vano detenerle, pero se me habían escapado las riendas de las manos, y el animal, enloquecido, corría llevándome a una muerte segura.

»Los moros, al verme, me estaban esperando con sus largas picas y a la vez me tiraban una nube de flechas, que pasaban silbando por todas partes. El caballo estaba a poca distancia ya del muro de lanzas contra el que íbamos a estrellarnos, cuando... vi una mano que, cogiendo al caballo de la brida, con una fuerza sobrenatural, lo detuvo e hizo que volviera hacia las filas de mis soldados, salvándome así la vida. ¡Créeme, no fue imaginación mía! ¡Fue una misteriosa mano quien lo hizo, quien me salvó!

»Pregunté luego por mi salvador, ¡pero nadie le había visto! Todos me dijeron que iba a estrellarme contra las lanzas porque mi caballo no me obedecía y que, de pronto, se paró en seco y regresó.

»Aquella noche entré en mi tienda obsesionado. Quería quitarme de la cabeza lo que me parecía haber visto y me decía a mí mismo que había sido figuración mía y que el caballo se paró solo milagrosamente. Pero al ir al lecho, de pronto..., ¡volví a ver la misma mano! ¡Una mano muy hermosa, blanquísima, que descorrió las cortinas y que después desapareció!

»Desde entonces, a todas horas, en todas partes veo esa mano misteriosa que adivina mis deseos y hace lo que yo voy a hacer. ¡Y me protege! Cuando atacamos el castillo de Triana, vi cómo cogía en el aire una flecha que iba directa a mí.

»En las comidas, la veo cómo pone vino en mi copa. Y me sigue siempre: en la tienda, en la batalla, de día, de noche... Ahora mismo, ¡mírala!, ¡mírala aquí, apoyada dulcemente en mi hombro!

Y al decir esto, el conde se levantó y empezó a dar grandes pasos fuera de sí y con un terror profundo en sus ojos.

El escudero no veía nada. Una lágrima resbaló por su mejilla porque se dio cuenta de que su señor estaba loco. O al menos, así se lo parecía. Y sin llevarle la contraria, le dijo, con una voz grave y llena de pena:

–Venid... Salgamos un momento de la tienda. Tal vez la brisa de la tarde calmará un poco esa angustia que tenéis, porque yo no sé qué hacer para ayudaros.

LA CANCIÓN DE LA MANO MUERTA

El campamento de las tropas del rey Fernando se extendía por el campo de Guadaira hasta tocar la orilla izquierda del Guadalquivir. Enfrente, se levantaban las murallas de Sevilla con sus torres; a lo lejos se veían apuntar los verdes árboles de los jardines de la ciudad mora y los miradores blancos, los minaretes, de las mezquitas.

Tendidas a lo largo de la llanura se veían tiendas de campaña de todas las formas y los colores, porque habían venido tropas de todas partes en apoyo del rey. Había estandartes con gran variedad de figuras: escudos partidos, leones, cadenas, barras y calderas, y otros muchos símbolos de la nobleza de sus

dueños. Por esa inmensa explanada, entre las tiendas, andaban multitud de soldados, hablando diversas lenguas, vestidos y armados al modo de sus tierras.

Allí se veía a señores, descansando de la fatiga de la batalla, sentados a la puerta de sus tiendas jugando a las tablas mientras sus pajes les servían vino en copas de metal. En otra parte, a peones que arreglaban sus armas rotas en el último combate; más allá, ballesteros que disparaban sus flechas a una diana, entrenándose.

Se oía el rumor de los tambores, el clamor de las trompetas, las voces de los mercaderes que vendían sus mercancías, el golpear del hierro contra el hierro, el canto de los juglares que entretenían a la gente con las historias que cantaban. Mil y mil ruidos se mezclaban en las calles de aquella ciudad formada por las tiendas del campamento del rey.

El conde de Gómara, acompañado por su fiel escudero, andaba por entre los grupos sin levantar los ojos de tierra, silencioso, triste, como si no viera nada, como si no oyera nada.

Cerca de la tienda del rey Fernando, y en medio de un gran corro de soldados y de pajes, que le escuchaban con la boca abierta, había un extraño personaje, medio juglar, medio bufón, que mezclaba chistes groseros con oraciones, histo-

rias de amores con leyendas de santos.

Cuando el conde llegó cerca del grupo que formaban el juglar y los que le escuchaban, éste empezaba a tocar una bandolina con que se acompañaba al contar sus historias. Después de estirar bien las cuerdas una tras otra, con mucha calma, mientras su acompañante daba la vuelta al corro con su bolsa abierta, que se fue llenando de monedas, el juglar empezó a cantar con voz grave y con un aire triste una canción que acababa siempre con el mismo verso.

...el escudero intentaba sacarle de aquel lugar

El conde se metió en el grupo que escuchaba porque, al acercarse, había oído el título de la canción. ¡Se llamaba *Romance de la mano muerta*!

Mientras el escudero intentaba sacarle de aquel lugar, el conde, inmóvil, con los ojos fijos en el juglar, escuchaba su canción:

La niña tiene un amante
que escudero se decía.
El escudero le anuncia
que a la guerra se partía.
–Te vas y acaso no tornes.
–Tornaré por vida mía.
Mientras el amante jura,
diz que el viento repetía:
¡Mal haya quien en promesas de hombre fía!

Contaba luego el terrible dolor de la muchacha al descubrir que su enamorado era el conde. Y decía lo mucho que sufrió al saber que le había engañado haciéndose pasar por un escudero y al ver que no volvía. Fue tanto su dolor que se puso enferma de tristeza y al poco tiempo se murió.

La canción acababa así:

Muerta la llevan al soto;
la han enterrado en la umbría.
Por más tierra que le echaban,
la mano no le cubría,
la mano donde un anillo
que le dio el conde tenía.
De noche, sobre la tumba,
diz que el viento repetía:
¡Mal haya quien en promesas de hombre fía!

Apenas había acabado la canción el juglar, cuando el conde, rompiendo el muro de curiosos que lo rodeaban, llegó junto a él y, cogiéndole con fuerza el brazo, le preguntó en voz baja y ansiosa:

–¿De qué tierra eres?

–De tierra de Soria –le contestó el juglar.

–¿Y dónde has aprendido esta canción? ¿Quién es la muchacha de la historia que cuentas? –le siguió preguntando, cada vez más nervioso.

–Señor –dijo el juglar–, esta canción la cantan los campesinos del campo de Gómara y habla de una bella muchacha engañada por un poderoso conde. No se sabe qué fuerza misteriosa hace que quede siempre fuera de la sepultura la mano en que su mentiroso enamorado le puso el anillo al hacerle una promesa.

Y, después de hacer una pausa, mirando fijamente al conde, añadió:

–Quizá vos sabréis quién debe cumplirla.

EL CONDE CUMPLE SU PROMESA

Al lado del camino que lleva a Gómara todavía hoy puede verse el lugar donde el conde cumplió su promesa.

Arrodillado al lado de una humilde tumba, el conde cogió la hermosa mano, blanquísima, de Margarita, que estaba fuera de la sepultura, y dijo en voz alta que había vuelto y que iba a casarse con ella, como le había prometido. Un sacerdote ofició la extraña ceremonia, y en ese momento –dice la leyenda– que la mano muerta se hundió para siempre.

Al pie de unos viejos y enormes árboles hay un pedacito de prado que, al llegar la primavera, se cubre siempre de flores blancas. La gente del país dice que allí está enterrada Margarita.

...se cubre siempre
de flores blancas

EL BESO

Sucedió a principios del siglo XIX, en 1808. El ejército francés se había apoderado de Toledo. Para alojar a los soldados, utilizaban los edificios más grandes de la ciudad: el Alcázar, la casa de Consejos, los conventos y las iglesias.

UNA IGLESIA COMO ALOJAMIENTO DE LOS SOLDADOS

Una noche, a hora avanzada, entraron en la ciudad unos cien soldados, envueltos en sus capotes de guerra. El ruido de sus armas y de los cascos de los caballos chocando contra el empedrado de las calles llenó el camino que lleva de la Puerta del Sol a la plaza de Zocodover.

Mandaba la fuerza un oficial bastante joven. Cabalgaba como a unos treinta pasos de su gente e iba hablando con otro militar que, a pie, llevaba un farolillo y le servía de guía por aquel laberinto de calles oscuras.

El caballero le decía a su guía:

–Si el alojamiento que se nos ha preparado es como me lo

pintas, casi sería preferible acampar en medio de una plaza o en el campo.

–¿Y qué queréis, mi capitán? –le contestó el guía, un sargento–. En el Alcázar ya no cabe ni un grano de trigo y mucho menos un hombre. En San Juan de los Reyes no digamos, porque en algunas celdas de los frailes duermen quince soldados. El convento al que voy a llevaros no es mal lugar, pero ya está ocupado por otra compañía. ¡Menos mal que hemos conseguido que dejen libre la iglesia!

–En fin –dijo el oficial, después de un corto silencio–, más vale estar incómodo en alguna parte que no tener donde dormir. Si llueve, al menos estaremos a cubierto. Algo es algo.

Los soldados siguieron a su capitán, y éste a su guía hasta llegar a una plazuela. Al fondo se dibujaba el negro perfil del convento, con su campanario y sus tejados de crestas desiguales y oscuras.

–Aquí está el lugar donde vais a alojaros –le dijo el sargento al capitán.

Éste, después de ordenar a su tropa que se detuviera, bajó

del caballo, cogió el farolillo y se dirigió hacia donde le señalaba.

Como la iglesia estaba vacía, los soldados que ocupaban el resto del convento habían ido arrancando las puertas para hacer hogueras con que calentarse. El joven oficial no tuvo, por tanto, que dar vuelta a llaves ni descorrer cerrojos para entrar en la iglesia.

A la luz del farolillo, cuya claridad se perdía entre las espesas sombras de las naves y dibujaba sobre el muro la silueta del sargento como si fuera un gigante, el capitán recorrió la iglesia de arriba abajo y miró todas sus capillas desiertas. Después, acomodó a su gente y los caballos lo mejor que pudo.

La iglesia estaba totalmente desmantelada. En el altar mayor colgaban trozos del velo con que los religiosos lo habían cubierto antes de abandonar el lugar. El suelo estaba roto en algunos sitios, y se veían aún losas y sepulcros, con escudos y nombres.

Allá a lo lejos, en el fondo de las capillas silenciosas, se destacaban en la oscuridad, como si fueran fantasmas blancos e inmóviles, las estatuas de piedra. Unas estaban tendidas, otras

de rodillas sobre el mármol de las tumbas; parecían los únicos habitantes del edificio en ruinas.

No era lugar para dormir tranquilo. En él se mezclaron enseguida las palabrotas que decían los soldados, quejándose del lugar donde tenían que descansar, con el ruido de sus armas y espuelas al tocar las losas del suelo, y con los relinchos y las cadenas de los caballos, sujetos a los pilares de la iglesia. Todo formaba un ruido extraño que se extendía por todo el lugar y se repetía en eco en las altas bóvedas.

Pero el capitán, aunque joven, estaba tan acostumbrado a dormir en cualquier sitio que, cuando acomodó a su gente, mandó poner un saco de forraje al pie de la escalera que llevaba al altar mayor y, tapándose con su capote lo mejor que

...a los cinco minutos
estaba roncando

pudo, puso la cabeza en el escalón y a los cinco minutos estaba roncando.

Los soldados, usando como almohadas las monturas de los caballos, hicieron lo mismo, y poco a poco fue apagándose el murmullo de sus voces.

A la media hora, sólo se oía el gemido del aire que entraba por algunas vidrieras rotas, las aves nocturnas que revoloteaban alrededor de los nidos que tenían en las esculturas de los muros, y los pasos del vigilante que se paseaba, envuelto en su capote, por el pórtico.

CHARLANDO EN LA PLAZA DE ZOCODOVER

Los oficiales que, como era su costumbre, acudieron al día siguiente a tomar el sol y a charlar un rato en la plaza de Zocodover, no hablaron de otra cosa más que de la llegada de la compañía mandada por el gallardo capitán. Uno de ellos, antiguo compañero suyo del colegio, lo había citado allí. Y como llevaban casi una hora hablando de él y no aparecía, empezaron ya a dar razones para su tardanza.

Entonces, por una de las bocacalles de la plaza, apareció el apuesto capitán, con un gran casco de metal y penacho de plumas blancas, una casaca azul turquesa con ribetes rojos y una magnífica espada de acero, que, al arrastrarse, resonaba al compás de sus pasos.

Apenas le vio su camarada cuando fue a su encuentro para saludarle. Y todos los demás oficiales se levantaron también; les había hablado tanto de él, de que era un hombre extraño y original, que tenían ya ganas de conocerle.

Después de abrazarse y de decir lo que se dice en estos casos, se comentaron las novedades de la guerra, se habló de lo que se decía por Madrid y de los amigos muertos o ausentes. Y al rato, se vino a charlar sobre lo penoso del servicio, la falta de diversiones en Toledo y lo malos que eran los alojamientos.

Al llegar a este punto, uno de los oficiales, que ya sabía el enfado del capitán por tener que acampar en la iglesia desmantelada, le dijo:

–Por cierto, ¿qué tal habéis pasado la noche en la iglesia?

–Ha habido de todo –le contestó el capitán–, porque, aunque yo no he dormido gran cosa, merece la pena no haberlo hecho. No poder dormir por tener al lado a una bella mujer no es precisamente el peor de los males.

–¡Una mujer! –repitió el oficial, admirado de la suerte del capitán–. ¡Eso es lo que se llama llegar y besar el santo!

–Será tal vez alguna dama de la corte que le sigue a Toledo para hacerle más soportable el destierro –dijo otro de los del grupo.

–¡Oh, no! –dijo entonces el capitán–. ¡Juro que no la conocía! Nunca creí encontrar en tan mal alojamiento tan bella patrona. Es una auténtica aventura.

–¡Contadla! ¡Contadla! –exclamaron todos los oficiales que rodeaban al capitán.

UNA BELLA DAMA CASTELLANA

El capitán comenzó a contar la historia, y los oficiales le escuchaban con muchísima atención:

–Esta noche pasada, estaba yo durmiendo profundamente, agotado por el camino hecho, cuando de pronto me despertó un estruendo horrible, que me dejó sordo un instante y luego los oídos zumbando un rato. ¡Era esa campana gorda que está en la catedral de Toledo! Maldiciendo entre dientes a la campana y al campanero que la toca, intentaba de nuevo dormirme cuando vi algo sorprendente. A la dudosa luz de la luna que entraba en la iglesia por la estrecha ventana de la capilla mayor, vi a una mujer arrodillada junto al altar.

Al oírle, los oficiales se miraron unos a otros con cara de no acabar de creérselo. El capitán, sin fijarse en ello, siguió contando:

–¡No podéis figuraros qué visión era la de esa dama dibujada confusamente entre las sombras de la capilla! Su rostro, muy pálido, bellísimo, lleno de dulce tristeza; su figura esbelta, su traje blanco y flotando. Me recordaba esas mujeres hermosas con las que yo había soñado cuando era niño. Creí que era una alucinación, y sin dejar de mirarla, casi no me atrevía a respirar para que no desapareciese. Ella seguía sin moverse. Al verla tan luminosa, tan blanca, no me parecía una criatura humana, sino un ángel que hubiera bajado por el rayo de luna que entraba en la iglesia.

–Pero... ¿cómo estaba allí aquella mujer? –le preguntó su amigo–. ¿No le dijiste nada? ¿No te dijo por qué estaba en la iglesia en medio de la noche?

–No le pregunté nada porque sabía que no iba a contestarme ni verme ni oírme.

–¿Era sorda?

...de pronto me despertó
un estruendo horrible

–¿Era ciega?

–¿Era muda? –preguntaron al mismo tiempo tres o cuatro de los que le estaban escuchando.

–Era sorda, ciega y muda –dijo, al fin, el capitán, después de hacer una pequeña pausa–, porque era... de mármol.

Al oír el final de tan extraña aventura, todos los oficiales se rieron a carcajadas. Y uno de ellos le dijo al capitán, que se había quedado en silencio y con una expresión triste:

–¡De ésas hay más de mil en donde estoy! ¡Yo me alojo en San Juan de los Reyes, y está lleno de bellas estatuas de mármol! Son todas vuestras, porque veo que os da lo mismo una mujer de carne como de piedra.

–¡Oh, no! –continuó el capitán, que parecía no oír las risas–. Estoy seguro de que esas estatuas no son como la mía. La mía es una verdadera dama castellana que, por un milagro de la escultura, parece que no la han enterrado en su sepulcro, sino que todavía está ahí, en cuerpo y alma, de rodillas sobre la piedra de su tumba, inmóvil, con las manos juntas rogando, hablando con Dios.

–Me recuerdas la historia de Galatea, la bella estatua de la que se enamoró su escultor, Pigmalión –le dijo su amigo.

–Siempre me pareció una historia sin pies ni cabeza; pero desde esta noche, entiendo muy bien lo que le pasó al escultor –dijo el capitán.

–Ya que tu dama es de piedra, no creo que tengas inconveniente en presentárnosla –le siguió diciendo su amigo–. Pero ¿qué te pasa? Parece que no te gusta la idea, ¿no estarás celoso?

–Celoso –se dio prisa a decir el capitán–, celoso... de los hombres, no. Pero ya veréis hasta dónde llega mi tontería. Junto a la imagen de la mujer, hay un guerrero, de mármol, de rostro grave, que también parece que esté vivo. Y supongo que es su marido... Pues, os lo voy a decir todo aunque os burléis de mi locura: ¡tengo celos de esa estatua! Y si no fuera porque me da miedo que me encierren por loco, ¡la habría hecho pedazos!

Todos se rieron de nuevo a coro ante esa confesión del loco enamorado de la dama de piedra, y dijeron:

–Nada, nada; es preciso que la veamos. Tal vez así entendamos vuestra pasión.

–¿Cuándo nos reunimos a echar un trago en la iglesia donde os alojáis? –le preguntaron.

–Cuando os parezca –respondió el capitán, que ya volvía a sonreír–. Si queréis, esta misma noche. Me he traído un par de docenas de botellas de *Champagne*... Ahí os están esperando.

–¡Bravo! ¡Bravo! –gritaron a coro los oficiales, contentísimos.

–¡Beberemos vino de Francia!

–¡Y cantaremos canciones de nuestro poeta Ronsard!

–Y hablaremos de mujeres...

–Conque... ¡hasta la noche!

–¡Hasta la noche!

LLEGAN LOS INVITADOS

Ya hacía rato que los habitantes de Toledo habían cerrado con llave y cerrojo las pesadas puertas de sus antiguos caserones. La campana gorda de la catedral anunciaba la hora de la queda, en que todos tenían que recogerse en sus casas. Y en lo alto del Alcázar, cuartel de los soldados franceses, los clarines daban el toque de silencio.

En la plaza de Zocodover se habían reunido diez o doce oficiales y luego tomaron el camino que llevaba al convento en donde se alojaba el capitán, más interesados en el champán que en la estatua de la dama.

La noche era sombría y amenazadora. El cielo estaba cubierto de nubes de color de plomo. El viento hacía girar las veletas de hierro de las torres, que chirriaban.

Al llegar a la plaza del convento, el capitán, que los estaba esperando, salió a recibirlos, y todos entraron en la iglesia, sólo iluminada por la pobre luz de una linterna, que luchaba con mucho trabajo con las espesísimas sombras.

Uno de los oficiales, al ver el lugar, dijo:

–¡El local no es precisamente muy adecuado para una fiesta!

–En efecto –dijo su amigo–. Nos traes a conocer a una dama, ¡y apenas se ven los dedos de la mano!

–¡Y hace un frío que parece que estamos en Siberia! –dijo un tercero, envolviéndose con el capote.

–¡Calma, señores, calma! –dijo el capitán–. Calma, que todo se solucionará.

Y llamando a uno de sus soldados, le ordenó:

–Muchacho, busca por ahí un poco de leña y enciéndenos una buena hoguera en la capilla mayor.

El soldado, obedeciendo la orden, empezó a romper la sillería del coro y fue apilando las bellas maderas destrozadas al pie de las escaleras del altar. Luego cogió la linterna y con su fuego prendió esos trozos tan bellamente trabajados.

A los pocos minutos, la hoguera daba una gran claridad a la iglesia y el calor que necesitaban los oficiales para empezar su fiesta.

El capitán, haciendo ver que estaba en una elegante sala, les dijo:

–Si os parece bien, pasaremos al *buffet*.

Sus camaradas le respondieron de la misma forma, con un saludo ceremonioso, y todos se dirigieron al altar mayor de la iglesia, donde quemaba la hoguera. Al llegar a la escalinata, se paró un momento y, señalando una tumba, dijo:

–Tengo el placer de presentaros a la dama de mis pensamientos. Os daréis cuenta de que no exageraba al hablaros de su belleza.

Los oficiales miraron al lugar que su amigo les señalaba, y un ¡oh! de admiración se escapó de sus labios.

En el fondo de un arco sepulcral, de mármol negro, arrodillada delante de un reclinatorio, con las manos juntas y la cara vuelta hacia el altar, vieron la imagen de una mujer tan bella que nunca ningún escultor pudo crear nada igual.

–¡Es como un ángel! –exclamó uno de los oficiales.

–¡Lástima que sea de mármol! –dijo otro.

–Entiendo muy bien que no pudierais dormir nada la noche pasada –añadió un tercero.

–¿Y no sabéis quién es ella? –preguntaron unos que se habían acercado a la estatua del capitán, que sonreía al ver su triunfo.

–Con el poco latín que sé, he podido leer algo de la inscripción de la tumba –contestó–. Es la de un noble, un famoso guerrero que luchó junto al Gran Capitán en Italia; no me acuerdo de su nombre. Pero sí sé que su esposa, que es la bella dama de la estatua, se llama doña Elvira de Castañeda. Si fue tan hermosa como su copia en mármol, debió de ser la mujer más bella de su tiempo.

Pero pronto los invitados dejaron el asunto de la estatua porque a lo que iban era a beber el champán prometido. Empezaron a destapar algunas botellas y se sentaron alrededor de la lumbre.

LA BORRACHERA

A medida que se pasaban de uno a otro las botellas, aumentaban los gritos, el ruido, la animación. Cuando acababan una, echaban el casco vacío a los monjes de granito de los pilares de la iglesia. Empezaron luego a cantar canciones de soldados, a aplaudir, a reírse a grandes carcajadas, a decir palabrotas.

El capitán bebía en silencio como un desesperado y sin apartar los ojos de la estatua de doña Elvira.

Iluminada por el rojo resplandor de la hoguera, y admirada por ojos que, gracias al champán, lo veían todo borroso, parecía que la estatua de mármol se transformaba a veces en una mujer real. El capitán vio cómo abría los labios para rezar una

oración, cómo su pecho se movía al suspirar, cómo sus manos se cruzaban con más fuerza. Incluso le pareció ver cómo sus mejillas se sonrojaban al ver el espectáculo que daban en la iglesia los oficiales borrachos.

Al verle ellos así, silencioso y pensativo, le ofrecieron una copa y le gritaron a coro:

–¡Vamos, brindad vos, que sois el único que no lo ha hecho en toda la noche!

El joven capitán tomó la copa y, poniéndose en pie y alzándola en alto, dijo encarándose con la estatua del guerrero arrodillado junto a doña Elvira:

–¡Brindo por el emperador Napoleón y brindo por el éxito de sus armas, gracias a las cuales hemos podido llegar hasta aquí, hasta el fondo de Castilla, a cortejar, en su misma tumba, a la mujer de un guerrero que nos venció hace siglos en la batalla de Ceriñola!

Los militares aplaudieron entusiasmados el brindis del capitán borracho; y él, balanceándose, dio algunos pasos hacia el sepulcro.

–No... –siguió diciendo mirando siempre a la estatua del guerrero–, no creas que te guardo rencor por ser mi rival. Al contrario, te admiro como marido paciente, que me escuchas sin moverte. Y quiero ser generoso contigo. Seguro que tú serías un buen bebedor. No voy a dejarte morir de sed mientras nosotros vaciamos veinte botellas... ¡Toma!

Y diciendo esto, se llevó la copa a los labios, bebió un poco y tiró el resto del champán a la cara de la estatua. Al ver cómo

goteaba el vino por las barbas de piedra del inmóvil guerrero, se rió como un loco a grandes carcajadas.

Al ver lo que había hecho, uno de los oficiales, en tono de burla, le dijo:

–¡Capitán! Cuidado con lo que hacéis... Mirad que esas bromas con la gente de piedra suelen costar caras. Acordaos de lo que dicen que pasó a nuestros soldados en el monasterio de Poblet. Cuentan que los guerreros de piedra del claustro pusieron mano una noche a sus espadas y se enfrentaron a los que les estaban pintando bigotes con carbón.

Al oír la historia, los oficiales se rieron con carcajadas que resonaban en toda la iglesia. Pero el capitán, sin hacer caso de sus risas, continuó, siempre fijo en la misma idea:

–¿Creéis que yo le hubiera dado el champán si no supiera que iba a tragar al menos el que le cayera en la boca? ¡No!... Yo no creo, como vosotros, que estas estatuas son un trozo de mármol sin vida. El artista, al esculpir la estatua, le da un soplo de vida. No consigue hacer que ande y se mueva, pero le da algo de vida, de una vida extraña que yo no me explico bien. Y sin embargo, la siento, sobre todo cuando bebo.

–¡Magnífico! –le dijeron sus camaradas–. ¡Bebe y sigue!

El capitán bebió y, mirando la imagen de doña Elvira, continuó cada vez más exaltado:

–¡Miradla! ¡Miradla!... ¿No veis cómo su carne va cogiendo color sonrosado? ¿No parece que debajo de esa capa blanca y suave de mármol circula una corriente de luz color de rosa?

–¡Oh, sí, seguramente! –dijo uno de los oficiales–. Nos gustaría que fuese de carne y hueso.

–¡Carne y hueso!... ¡Esto es mucho mejor! ¡Es nieve teñida de suave luz! ¡Quiero besar a esa mujer hermosa y fría...! ¡Sólo un beso suyo podrá calmar el fuego que tengo dentro!

–¡Capitán! –gritaron algunos de los oficiales al ver que iba hacia la estatua con pasos inseguros, fuera de sí–. ¿Qué locura vais a hacer? ¡Basta de bromas! ¡Dejad en paz a los muertos!

El joven ni tan siquiera oía las palabras de sus camaradas. Tambaleándose, como pudo, llegó a la tumba y se acercó a la estatua de doña Elvira.

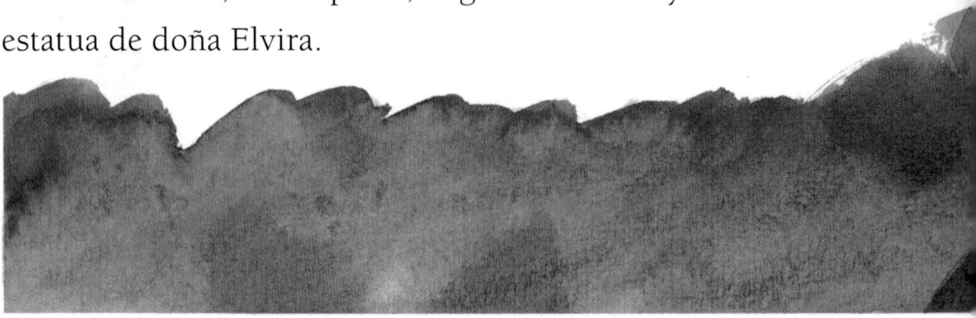

Pero, al tenderle los brazos, resonó un grito de horror en la iglesia. El capitán había caído desplomado al suelo, con la cara destrozada. Le salía sangre por ojos, boca y nariz.

Los oficiales, mudos y espantados, ni se atrevían a dar un paso para socorrerle.

En el momento en que el capitán había intentado acercar sus labios a los de doña Elvira, todos vieron cómo el inmóvil guerrero levantó su mano y le derribó con una espantosa bofetada de su guantelete de piedra.

ÍNDICE

BIBLIOTECA ESCOLAR
CLÁSICOS
CONTADOS A LOS NIÑOS

El Quijote contado a los niños

Tirante el Blanco contado a los niños

Platero y yo contado a los niños

El Lazarillo contado a los niños

El Cid contado a los niños

La Odisea contada a los niños